Y. (Pierre)

Ie   3829

DESCRIPTION

DE LA PRINSE DE C A

lais & de Guynes, composé par forme &
stile de proces, par M. G. de M·

·ELE· ·PHAS· ·SICVT· ·TO·

A PARIS,

Chez Barbe Regnault, rue S. Iacques, à l'enseigne de
l'Elephant, deuant les Mathurins.

DESCRIPTION

DE LA PRINSE DE CA-
lais & de Guynes, compofé
par forme & ftile de
proces, par M.
G. de M.

   A N mil trois cens quarante
   fept expers
L   Le tiers d'Aouft Edoard d'An
   gleterre
   Sur France print Calais , dix
mois apres
Qui l'afsiegea tãt par mer que par terre.
Si que depuis ce iour iufques icy
Les Roys Anglois l'out par force ou fouf-
fance
Toufiours tenu, mais foubz charge & fy
Qu'elle feroit rendue au Roy de France.
  Henry fçachant cefte condition,
Se refolut mettre cefte matiere
En plein confeil, & la perdition
Du fort Calais fa ville de frontiere.
  Et feit l'an mil cinq cens cinquãte fept

        A ii

Tout son conseil assembler à Paris,
Pour discuter de son droit côme on scait
Et recouurer sur l'Anglois son pays.
   Tout son conseil par consultation
Qu'il en feit lors à Paris au Palais,
Trouua qu'il doit intenter action
Contre l'Anglois en demandant Calais.
   Dessus deux poinctz il fôde sa demâde
L'vn que par droict successif & hoirie
Luy appartient & pretend côme il mâde
Le revnir par droit & seigneurie.
   L'autre poinct est que s'il se veult réger
Sur la coustume & droict il trouuera
Par priuilege & retraict lignaiger
Que sa demande on luy adiugera.
   Le Roy Anglois en son exception
Dict qu'il ne veult telle demande voir:
De deux cens ans maintient prescriptiô,
En alleguant fin de non receuoir.
   Et si soutient qu'il en a recreance
Par Edoard qui l'a tousiours tenue
Sur les Francois, dont seroit mescreance
Au Roy Henry d'en auoir maintenue.
   Henry persiste, & replicquant a dict

Qu'il l'a tenu feulement par fouffrance
Et qu'vn Francois ordonna par edict
Qu'on ne prefcript le dommaine de
    France.

   L'Anglois ne veult aprouuer telle loy,
Et dict qu'il veult contre tous fouftenir
Que c'eft a luy & non à autre Roy,
Parquoy conclud a toufiours la tenir.

    Quand chacun d'eulx a bien compté
    fon cas,
N'ont trouué tiers pour iuger leur afaires
Si qu'entre eux deux fãs cõfeil d'aduocas
Sur tous leurs faictz s'appoincterét con-
    traires.

    L'Anglois n'auoit dreffé fon intendit,
Qu'on luy apporte vn aduertiffement
Qu'a fon proces bien toft il entendit,
Ou qu'il auroit vn trifte iugement.

    Incontinent il eft forclos d'efcrire,
Et voit dreffer côtre luy prou denqueftes
Plufieurs tefmoings & chef pour les con-
    duire,
Pour paruenir aux nouuelles conqueftes.

    Le demãdeur lors pduict pour le moins

Cinquante mil & de gens de tout aage,
Difanr qu'au môde il ne troue tefmoigs
Qui fachent mieux parler de fô lignage.
Chacun luy dict Calais vous appartient
A tiltre bon, fainct Omer, aufsi Guynes,
Et la plufpart de ces tefmoings maintiêt
Que c'eft a vous Ardres & Grauelines.
Autres eftâs de grâd aage & memoire,
Rendoient bien tô⁹ les Anglois esbahis,
En leur difant qu'il eftoit tout notoire
Qu'au Roy Henry appartient leur pays.
On leur dift plus, que p oultrecuidance
Ont entreprins faire en France dômage
Et qu'en brief temps ily verroient par vê
geance,
Leur nouueau Roy faire à Henry l'hom
mage.
Leur plaidoyé ne fe peut accorder
Mais chacû deux fe courrouce & feforce
Laiffant tous plaids l'vn lautre s'abborder
Pour difcuter de leur droict a la force.
Le Roy Henry toft Calais afsiegea,
L'enuirônât, tant par mer que par terre,
Deuant la ville vn tel camp & fiege a

Qui rend confus Philippe & Angleterre
Il faict canons & bombardes sonner,
Ses tabourins & trompettes ensemble
Si haultement qu'on eust ouy tonner,
Dont ciel & terre en retentit & tremble.
  Iamais si hault Iupiter ne tonna
Quand les geans abaissa la grand gloire
Que par effort & esclaire estonna
Côme on faisoit poursuiuant la victoire.
  Et le mardy vnziesme de Ianuier
Monsieur de Guyse aufsi monsieur de
  Terbe
S'approcherent de si pres qu'obuier
Ny peut l'Anglois qui n'eut iour temps
  ne terme.
  L'assault fut faict de telle violence
 (Apres les murs & rempars abbatus)
Que le François rend par magificence
Henry veinqueur & Anglois combatuz.
  Son droit ne fut par appel en suspens,
Car quand il eut principal obtenu,
l'Anglois paya l'amende & les despens
Comme vn plaideur temeraire tenu.
L'on ne se doit par trop esmerueiller

Du mal escheu a Calais & ses forts,
Car de long temps n'ont cessé d'y veiller
Les Roys Francois, sans monstrer leurs
  efforts.
  De tel retraict qui est vray lignaiger,
Dieu a donné l'honneur & la victoire
Au Roy Henry sur l'Anglois langaiger,
En rabaissant son orgueil & sa gloire.
  Mais puis apres en l'execution
De ce proces s'est meu vn incident
Au Roy Henry mettre en sa dition,
  Comme il a faict Guynes par accident.
  Et lors Henry poursuyuant sa fortune
Arechassé le prince dePiedmont
Dãs sainct Omer, qui par trop l'ipertune
Dont l'afsiegea tant, par val que par mõt.
  Dieu a donné a Henry vn graan heur
D'auoir Calais p force & grand puissance
Guynes aufsi, marque de sa grandeur,
Et revny en son obeissance.
        F I N.

CARMES FRANÇOIS
sur la prinse de Guynes, &
de Calais.

Ostez voz pleurs maintenant ô François:
Ostez voz pleurs, voz triftez defarrois,
Caufe de ioye auez en abondance.
Guyne eft vaincue en fon outrecuidâce.
  Plus que Gales auoit voulu tenir,
Iamais au point n'auoit voulu venir
De refifter toufiours la temeraire
Auoit ofé, & les François defaire.
  Mais des François la noble diligence,
Tant a valu contre l'impacience
De ces mutins oftinez Bourguignons,
Que tous paffer a faict par les canons.
  O noble Roy de France la iolye,
Eft-ce ainfi donc que ton ennemy lie?
Eft-ce ainfi donc côme tu nous le donte?
Eft-ce ainfi donc comme tu le furmôte?
  Vis vis long temps ô Roy victorieux,
Vis bien-heuré, vis a tous gratieux
  Crions François, crion a haulte voix,

Viue Henry, & auec luy ſes loix.

AV LECTEVR

Amy lecteur ne t'esbahy tu point
De la victoire a Calais ſi ſoudaine?
La cauſe eſt prompte, penſes y poinct a
    poinct,
Et la choſe eſt tresvraye, & tres-certaine.
  Chaſſé auoit Ieſuſchriſt & les ſiéns,
Chaſſé auoit les Images tres-ſainctes,
Diable regner on euſt dict la dedans,
Tãt peu auoit de ſaictes croix depinctes.
   Doncques vertu a vaincu le peché,
Et Ieſuſchriſt a ſurmonté le Diable,
Le Roy Henry a l'Anglois depeſché
les murs a priſ Duc de Guiſe honorable.

Flandre & France.

Flandre pourquoy maintenant es en
    pleurs,
Et toy laFrance ou ſont tes grãs douleurs
Entre voʳ deux d'ou ſõt ces grans diſcors
Tenez, tenez autremẽt voz accords.

Puis peu de tēps Flandre t'efiouyffois,
puis peu de temps France dolente eftois,
Qui a changé fi toft voftre chanfon?
Quelle auez vous de ce faire raifon?
De S. Quentin la prochaine furprife
Entre vous deux auoit ce trouble mife.
Flamés chanter, Francois auoit faict taire
Et la chanfon changer tout au contraire.
Mais maintenant ceux de Calais dôtez
Ont les François en leur ioye reboutez,
Guyne & Calais fôt craindre les Anglois
Mettent Flamens en piteux defarrois.
Les Efpagnolz efpeutez comme veaux
S'enfuyent tous par montaignes & vaux
Noble victoire aux François eftoit deue:
Pour les François de dieu eftois efleue.

A ceux d'Arras.

Reuien, reuien, ou t'en fuis tu arras?
Qui eft celuy qui te faici changer place?
Demeure vn peu: lô ne fuit point les rats
Ne tes iumens, ne de tes bœufz la trace.
Tu te mocquois nagueres de Paris:
Danfer, baller, farcer ne couftoit rien.

O sont tes ieus?ou sont allez tes ris?
Pourquoy as tu si tost changé maintient
Escoute vn peu,ie veus dire en l'oreille?
Qui te hastoit,d'ainsi farcer du Roy?
Qui te hastoit de controuuer merueille,
Pour te mocquer de France,& son arroy?
Sur eschafaux criois à haulte voix,
Le Roy Henry est de peur endormi.
Mieux eusses faict de te iouer aux noix,
Ou bien au tiers,courant cóm eun formi.
Tu cognois ia,& fort bien appercois,
Qu'il te prouffire auoit faulsement dict:
Tu cognois ia que peuuent les François?
Et te repens(ie croy)de ton maldict.
Arras Arras point ne te faul t maldire
De celuy la qui est ton Roy & maistre,
Qui se venger de toy peut bien en ire,
Et te garder d'en terre long temps estre.
Recognois donc celuy qui te faict bien
Recoy ton Roy,ton propre gouuerneur,
Cil q̃ tu as vrayemẽt n'est poinct le tient
Le Roy Henry est ton Roy & seigneur.

Graces à Dieu de ses biensfaictz.

Pour tous biensfaictz à Dieu qui est en
   hault
Rendre deuons de graces actions,
En prosperant orgueillir ne nous sault
En temps diuers soient benedictions.

La fol s'y fie de Monstradabus.

T'esbahis-tu pourquoy ce grand menteur
Monstradabus en ses escritz nouueaux
N'a point esté de la prinse inuenteur
Du fort Calais, & des autres chasteaux?
Le temps passé si tost que Bourguiguons
Auoyent vessy, vers son nez la fumee.
En redondoit, & comme champignons
De par les siens, par tout estoit semee.
Si Bourguignons prenoyent vn coulombier,
Ou six cheuaux morueux ou haridelles,
Ouqu'vn François auoit du destourbier,
Ou quand quelqu'vn faisoit des choses telles,
Par vn chascun tout soudain estoit dict,
Monstradabus certes lauoit predit.
Mais maintenant que la chance a tourné
Le bruit de luy s'est soudain retourné
Et dict chacun que tel Monstradabus
Le temps passe ne seruoit que d'abus.

Dizain de la reduction de Calais.

Philippes filz de Charles de Valloys
Auoit Calais vallamment combatue,
Tant que Edouart assiegea vnze mois
Deuant qu'a luy la ville fut rendue,
Vray est que allors de France fut perdue
Deux cens dix ans tenue par Angleterre,
Iusques a ce que par force & grand erre
Le Roy Henry successeur de Valloys,
La assiegee tant par mer que par terre
Et faict sortir hors des mains des Anglois.

F I N.

I